MINHA VIDA È UMA MERDA

Bom primeiramente esse livro que você está lendo é uma merda, se ele não estiver sendo dado de graça e você comprou parabéns você desperdiçou seu dinheiro nessa bosta que eu escrevi sobre minha vida!

Sem contar que os erros de português vão ser sem vergonhas durante sua leitura , mas não se preocupe fiz com carinho e joguei meu coração em cada palavra , talvez você se identifique e com essa merda você possa mudar sua vida de merda pra merdinha , vem comigo ?

Bom, nasci em 14 de março de 1996 no hospital Mario Leoni em Duque de Caxias, ae você me pergunta porque eu coloquei isso, não sei te falar pois tudo que vou escrever nesse livro é como minha mente funciona então se você se sentir perdido durante a leitura nem perca seu tempo de voltar atrás que tu não vai entender nada, bom fui uma criança normal com sonhos e muita esperança , brincava de pique esconde, fazia oque toda criança faz quando esta descubrindo sua sexualidade se você está se perguntando oque é isso mesmo que você está pensando danadinho(a) Punhet*va pra caralho, até meu peito ter aquela famosa pedra que vemos e venhamos que não tem nada a ver né haha , bom nesse percurso de infancia descobri oque todo garoto quer ser , classico jogador de futebol e não deu certo , tentei lutar fui bem mas também não deu certo , fui crescendo na adolescência criando pelos e na escola era uma merda só vivia de recuperação, reprovei 6série, e sempre que eu passava ficava com dependência logo vi que meu forte não era estudar, e o tempo foi passando até que cheguei no 3ºAno do Ensino Médio e Advinhem a merda que aconteceu kk , sim fui o único da minha turma que foi reprovado e vi todo mundo se formando , pois eu sei que sempre fui um aluno incopetente e nunca vou botar a culpa nos professores que não gostavam de min NÈÈ!

Bom depois disso tempo passou e fui tentar ganhar a vida e oque ela me devolve um sonho me ALISTAR NO EXERCITO é isso mesmo e voltei a sonhar e fui me alistei fui no quartel eu queria servir de qualquer forma porque era o que tinha né , burro pra caralho não é formado única saida quartel se fuder lá né, mas não foi pra isso era um sonho vestir a farda tirar onda e tals se liguem no que vai acontecer AHH MEU DEUS da nem vontade de continuar , bom fiz todos os exames , fique pelado , acordava 4da manhã pra ir pro quartel durante 3 meses que foi o periodo de seleção e enfim chegou os testes fisicos , passei em todos só que teve um cabo FDP que no dia da flexão ele tava cachaçado e o FDP não contou a quantidade de fleca que fiz e colocou uma repetição totalmente contraria do que eu tinha feito , beleza eu confiante no dia da seleção todo feliz porque pra min ali eu ia zerar a vida e vem o RESULTADO, Exesso de Contingente kkkk , **PUTAQUEPARIIL** não acreditei naquela porra , fui ver porque não passe , não aceitei isso o cabo me fala que eu não passei na Fleca sendo que o minímo era 10 se não me engano e fiz 18 na merda mais fiz eu falei e não satisfeito ele pediu para que eu repetisse eu falei tabom , vem ele e me chama um tenente , beleza o tenente me vem com uma que eu teria que fazer do jeito que ele estava fazendo eu fui e concordei eu daria o cú pra ficar com aquela vaga era meu sonho né, bom o tenente me sacaneou fez parecer 10 fleca em 100 resumindo me FUDI não passei fiquei com cara de rabo e fui pra casa muito chateado e me perguntando oque eu vou fazer da minha vida voltou um vazio, tristeza e tudo mais e eu não sabia oque eu queria fazer com a minha preciosa existencia, beleza como todo jovem de 18 anos faz haha chutei o balde, fui beber , comer bumbum das garota e minha vida resumui isso bebida , festa e sexo e muito funk kk , até que decidi por mente fraca me afundar mais é usar drogas isso mermo usei muita mac*nha só não usei a branca , mais lolo , lança e fui me afundando e fui me afundando, OBS não fique triste com esse momento da minha vida pois eu me divertia pra cacete kk , vamos lá e fui deixando a vida me levar até que um momento de Flash fui pensando comigo mesmo se oque eu estava fazendo era certo?

Eu me respondia eu sempre fui criado com tudo oque eu queria , nunca me faltou nada , meus pais sempre batalharam para me dar tudo do bom e do melhor é isso que eu tenho pra retribuir , gente foi de

uma hora pra outra eu abandonei tudo ,
larguei as amizades que me puxaram pra
isso e quis fazer algo que desse orgulho a
minha familia , pois eles merecem que eu
de o meu melhor e logo fui visitar igreja e
aceitei Jesus, sou Cristão até hoje tá mas
independente de fé gente a gente deve
amar e respeitar uns aos outros que isso
que falta no mundo.

Seguindo meu perfeito raciocínio aqui , foi
onde eu comecei a preencher o vazio que
eu tinha que era do Tamanho de Deus, Foi
onde as coisas comecaram a iluminar na
minha vida , mas eu não sabia oque eu
queria ainda kk , tava uma zona minha
vida, ae fui arrumar um trabalho e
consegui, Trabalhava bem e como todas
as empresas tem puxa saco eu não era um

mais eu trabalhava com uma e eu fudi com ela eu aprendi tudo oque tinha no setor que eu trabalhava e com 5 meses eu me tornei Líder daquele setor e ela tinha 4anos oque acontece a seguir ?

Ela ficou muito PUTA comigo kk , achou que eu tava babando pra encarregado mas não eu era competente noque fazia e se perguntarem até hoje quem foi o melhor lider daquela bagaça foi eu PORRA.

OBS: Nessa Leitura você vai aprender a ser um bom funcionario , bom lider , bom chefe , bom empreendedor e um bom patrão baseado nas minhas experiencias de merda e na minha vida de merda.

Bom primeiramente quando você trabalha com pessoas você deve aprender sobre cada pessoa que você trabalha, conhecer a personalidade de cada um e saber como e com quem você vai falar quando for chamar atenção ou falar algo e outro NUNCA NUNCA fale alto ou TRATE COM DIFERENÇA um ao outro mesmo que você tenha mais amizade com um doque com outro, area profissional deve ser levada a sério aidna mais quando você tem responsabilidade como lider!

Pegaram o codigo ? À OUTRA COISA NÃO SEJA BABA OVO , NIMGUÉM GOSTA DISSO, SE VOCÊ QUER CRESCER SEJA POR SEU MERITO E COMPETÊNCIA , NÂO PISANDO E FODENDO COM ALGUÈM.

Vamos lá, beleza passou um tempo eu gostava muito de tabalhar lá e fui desanimando porque era uma rotina muito chata , todos os dias mesma coisa e isso foi me cansando e fui chutando o balde meu horario era de Segunda a Sabado e comecei a trabalhar de Seg á Qua, á porque Geovanni ? porque eu queria ser mandado embora e empresa não manda funcionario bom embora então eu precisava mostrar que eu não queria , ai beleza e nesse tempo de empresa foi 1ano e 9 meses , conheci minha Namorada que hoje já é minha esposa , mais tem muita aguá pra rolar mas pra frente conto como foi kk , bom e chegou o grande dia , fui mandado embora recebi uma pratinha boa e comecei gastar com minha namorada , saindo , comprando roupa , comendo , saindo , malhando , kkk e cheogu oque eu não esperava o dinheiro acabou e fui pro auxilio e gastava que uma beleza até que acabou tudo , bom gente se você quer sair de uma empresa saiba oque você quer fazer quando você sair se não você vai se fufu , bom vida que segue me fudi mais uma vez e fui empreender vender roupas , e abri uma lanchonete com minha esposa na epoca namorada , até que os negocios estavam indo bem a gente estava crescendo , estavamos ganhando um dinheiro legar toda semana , mas surgiu uma proposta de trabalho e fui , beleza consegui o trabalho de carteira assinada e fui trampando até que eu tive a brilhante idéia de vender roupas aonde eu trabalhava e isso me dava uma renda extra legal e fui conseguindo sempre ganhar um dinheiro legal, mas como vocês sabem né quando ta muito bom santo desconfia e a empresa começou atrasar pagamento e entrando em estado de falência bom , parei de vender porque não tinha como repor e o pessoal atrasava de pagar e não tinha como eu cobrar porque estava geral na merda , i ai que a empresa mandou todo mundo embora e mandou procurar na justiça e mais uma vez me FUDI kk , bom ai que entra um cenario da minha vida que não foi nada agradavél, nesse periodo da empresa eu noivei , casei e eu fiz obra em casa deixei tudo lindo e tudo pago certinho, eu era o único sustento da casa e quando eu fui mandado embora as coisas apertaram de uma forma que eu nunca passei por aquilo e eu olhava para minha esposa a gente recém casados passando por aquilo e tudo faltando, graças a Deus nunca passamos fome, mas era tudo limitado sempre economizando ficamos 1Mês só comendo arroz e hamburguer que eu comprei aquela caixa com 50unidades , bom e eu tinha que fazer alguma coisa e fui tentando me virar, fui vender docinho na rua e só foi 1 dia e nunca mais voltei porque eu não queria aquilo pra min , não desmerecendo quem faz ok!

E nessa luta as coisas faltando, sempre pedindo uma coisinha meu pai, minha mãe, o pai dele fazia sacolão para a gente toda semana por que ele que gostava de dar não porque ele sabia da nossa situação e a gente comia sempre sopa de legumes, cara eu olha para ela e via que eu tinha que melhorar as coisas até que cheguei chorar falando com Deus e comecei a procurar emprego e conversei com um amigo ele me falou que onde ele trabalha tinha vaga e mandei o curriculo e tals, fui chamado e começou uma nova etapa da minha vida, era um trabalho muito bom no inicio, pois fazia horas extras e o salario vinha gordo e tals conseguia comprar as coisas pra dentro de casa e nunca faltava nada e conheci amigos importantes lá , e fui levando e sem saber o proposito da minha vida ainda ou seja estava uma merda , porque quando voce sabe onde quer chegar tudo fica bem mais claro certo ?

Então fui trabalhando e trabalhando e até que chegou uma parte que as horas extras estavam ficando muito fora da realidade lá , todos os dias pegava 9 da manhã as vezes 8 e saia 22-23Hrs da noite , ja cheguei sair de lá 3 da Madrugada e você me pergunta por que você não saia mais cedo, pressão piscologica que eles faziam,ameaça de que se não ficasse ia ser mandado embora e etc. E fui ficando abalado e revoltado com isso tudo e chegou esse virus que começou devastar a humanidade , de primeira nem acreditei na proporção que ia tomar isso e depois que ele suspenderam nosso contrato eu fiquei em casa e nesse periodo que fiquei em casa pude colocar minha cabeça no lugar e ver oque realmente eu queria fazer com minha vida, bo pesquisando na internet eu via pessoas mais novas que eu fazendo muita grana em casa e tendo uma liberdade absurda e eu queria aquilo pra min. Talvez esse seja o menor livro e pior livro que você ja leu na sua vida, mas o proposito aqui é você refletir no que você pode agregar pra melhorar sua vida , vida da sua familia e sociedade!]

Seguindo o raciocinio bom e fui buscar mais informações sobre aquilo e cara me encantei com o mercado digital eu amei e vi que ali eu poderia achar oque precisava , ai você me pergunta o teu proposito é ter dinheiro ? Também mas é ter liberdade com minha familia e também poder ajudar pessoas a transformarem suas vidas através daquilo que elas sonham, bom nessa pandemia as coisas foram boas e ruins!

Boas: Pude ver o real sentido que minha vida teria que tomar e achei oque eu sempre quis que era ajudar pessoas a conquistarem seus sonhos , ganhar dinheiro através da internet e liberdade com minha familia.

Ruins: Recesso Mundial , vidas se perdendo , sonhos indo por aguá baixo e tristeza tomando conta das pessoas.

Eu vendo isso eu teria que ser um pouco de luz na vida das pessoas só que eu não sabia como começar e comecei investir em cursos para aprender , se especializar e eu estava muito empolgado e advinhem a empresa convocou uma reunião pedindo que mesmo com a suspensão deveriamos voltar a trabalhar , colocar nossas vidas em risco pois tinha muito trabalho e não teria como nós ficarmos em casa e oque eu deveria fazer é não concordar né , pois eu tinha achado oque eu queria pra minha vida mais oque eu queria não era minha fonte de recursos e voltei a tranalhar contra minha vontade com as ameaças ainda né e fui, fiquei doente, peguei o virus e fiquei muito mal de cama e passei pra minha esposa e ficamos pessimos de saude e beleza e com 1 semana e meia fiquei melhor e tive que voltar trabalhar nesse periodo pessoas e pessoas teve caso nessa empresa e eles cagavam queria a nossa mão de obra e se morrer morreu, até que eu estava trabalhando e não estava recebendo oque eles conbinaram e comecei ficar puto e 4 meses de trabalho e não recebi por aquilo e comeceu a perguntar um outro com o meu poder de influencia que sempre tive fui falando com o pessoal que era mais leigo e tive um grande amigo que conversei com ele sobre esse mercado e ele nao acreditou kk, mas quando ele começou ver meus resultados ele começou a acreditar e sonhar junto comigo e botei na minha cabeça que eu deveria sair daquela empresa, isso mesmo em plena pandemia geovanni ? Sim eu precisava arriscar pois é meu sonho minha vida em jogo eu não queria mais trabalhar pra nimguém, ai tu me pergunta, mais Geovanni tu ja tinha como viver do Marketing ? Não eu não fazia nem 300R$ por mês,mas eu acreditava no meu sonho e via que eu só precisava investir pra ter os retornos esperados e falei que eu queria saber e deixava bem nitido para eles me mandarem embora, e começou outra saga na minha linda e virtuosa vida kk , bom começaram as perseguições mas como eu sou um cara que não caio nesse tipo de isca eles sempre se ferraram e a partir dali que eu vi que queriam me ferrar comecei a gravar audios escondidos e captei muita coisa que eles falavam erradas e até que me chamaram pra conversar , 2 gerentes 1 lider e 1Rh , bom pensaram que iam me intimidar com isso tudo se ferraram gravei toda conversa, as merdas que falaram e dizendo que trabalhamos na pandemia com contrato suspensa , que tivemos riscos e se algum de nós tivesse morrido e etc..

Peguei isso tudo e logo após expressei toda minha opnião e ficaram calados 4 dias depois chego na empresa coloco as coisas no meu armario e falam que fui mandado embora e teria que caçar meus direitos é mais uma vez me FUDI , quando eu pensava que ia dar certo novamente me ferro kk , gente não é facíl pra você chegar aonde quer é degrau por degrau e vai encontrar muita dificuldade e vai sangrar muito , voltando voltei pra casa com uma mão na frente outra atrás e contatei advogado e etc, minha recisão ia ser valo X e com tudo oque eles fizem foi pra valor X-Vezes10 , bom mas ai entra o caso tem datas pra ser marcada as audiencias mas a gente chega lá , primeiro mês fiz meus corre no marketing aderi uma estratégia de fazer videos rewies dos produtos botava na descrição e o pessoal comprava e eu ganhava comissão através disso , até que em Set-Out-Nov eu consegui tirar uma renda muito boa trabalhando em casa mas dezembro de 2019 as coisas não ficaram tão boas , começou a despencar e nossa audiencia foi marcada e fiquei muito feliz e falava que as coisas acontecem no tempo certo e tals beleza , chega 1 dia antes da audiencia quem me liga?

Advogado dizendo que vai cancelar audiencia porque ele Sofreu Avc e a socia esta com o Virus e a secretaria não tinha acesso para ficar no lugar deles kk , novamente me fudi , gente as vezes fico pensando até quando vou ficar me fudendo assim , não consigo acreditar nas merda que acontecem comigo , quando eu penso que vai não vai , quando penso que ta perto, ta longe e definindo como está minha situação agora , to bem as coisas tão se encaixando , tive um desanimo depois disso mas voltei com força e nunca vou deixar de querer conquistar aquilo que eu sonho e que almejo ou seja não tou fudido , mas fudidinho.

Assim gente pra todo percurso que a gente sonha sempre vai ter mais espinhos , cacos de vidros , pedras , desistencia , decepções , fracassos , derrota , um monte de merda, mas devemos nos manter centrados no que queremos e não abaixar a guarda , porque se não nossas vidas vai continuar uma merda e ficar reclamando da vida , do trabalho , dizer que tudo é injusto essas pessoas simplesmente pararam de sonhar e jogaram as esperança delas fora , eu simplesmente falo pra vocês , não parem de Senhor , Não desista dos Seus sonhos , lembrem-se o único capaz de chegar aonde você quer é você , eu sei que foi meio merda essa motivação mas é realidade , quando você olhar pro lado e ver uma pessoa vencendo não fique chateado porque ela conseguiu e você não , não compare o nv 10 de alguem com seu nv3 , ele ja passou pelos espinhos e chegou no pódio agora é sua vez.

E outra não aceite criticas de pessoas que não chegaram a onde você quer chegar , seja pai , mãe , amigo, oque for. Foque em você , vai em busca dos seus sonhos , talvez essa parte da minha vida possa mudar o rumo a sua espero que depois de ler essa merda toda você se inspire e vai em buca do que você quer.

att: MINHA VIDA DE MERDA